LA BATALLA DEL CAMINO DE LAS DAMAS

El desastre francés de la Primera Guerra Mundial

Por Benjamin Janssens de Bisthoven
En colaboración con Thomas Jacquemin
Traducido por Laura Soler Pinson

Historia · en50MINUTOS.es

LA BATALLA DEL CAMINO DE LAS DAMAS

DATOS CLAVE

- **¿Cuándo?** Del 16 de abril al 9 de mayo de 1917.
- **¿Dónde?** En la cresta del Camino de las Damas, entre Soissons y Reims, en el departamento de Aisne (Francia).
- **¿Contexto?** La Primera Guerra Mundial (1914-1918).
- **¿Beligerantes?** Francia contra el Imperio alemán.
- **¿Principales protagonistas?**
  - Robert Nivelle, comandante supremo de los ejércitos franceses (1856-1924).
  - Philippe Pétain, comandante de los ejércitos del Centro y, más adelante, comandante supremo de los ejércitos franceses (1856-1951).
  - Erich Ludendorff, primer furriel general, brazo derecho de Hindenburg (1856-1937).
- **¿Resultado?** Derrota estratégica francesa.
- **¿Víctimas?**
  - Bando francés: unos 139 589 muertos, heridos y desaparecidos.
  - Bando alemán: menos de 80 000 muertos, heridos y desaparecidos, de los que 39 000 son prisioneros.

INTRODUCCIÓN

El 16 de abril de 1917, entre Soissons y Reims, el ejército francés lanza una poderosa ofensiva sobre la cresta del Camino de las Damas que el *Kaiserheer*, el ejército imperial alemán, defiende ferozmente. El instigador de la iniciativa, el general Robert Nivelle, comandante supremo de los ejércitos franceses, se muestra optimista: el ataque, masivo y precipitado, debe permitir romper la inexpugnable defensa alemana que resiste desde hace casi tres años a todos los intentos para penetrarla.

Desde el comienzo de la Primera Guerra Mundial, los mandos militares franceses y británicos están atrapados en una situación tan inédita como imprevista. En tan solo unas semanas, el frente occidental contra Alemania se queda atascado en una guerra de trincheras larga y mortífera. Sin embargo, en esta primavera de 1917, los aliados británicos y franceses consideran que es urgente salir de este punto muerto.

Trincheras en Vimy, en territorio francés.

No solo la opinión pública está cansada de la guerra, sino que el aliado ruso acaba de ser barrido del mapa por una primera revolución y, aun peor, Alemania ha iniciado una guerra submarina desenfrenada en el Atlántico, lo que hace temer un colapso de la economía británica a corto plazo. La ofensiva del general Nivelle, que debía saldarse con una victoria decisiva sobre el ejército alemán en poco tiempo, termina con la derrota francesa más importante de la guerra. En 15 días, se pierden unos 140 000 soldados franceses para unos triunfos ridículos. Pero la crisis también es política y moral. Estallan graves motines en el ejército francés. Nivelle, despedido, cede su sitio a Pétain y Francia se va recuperando lentamente. Ya no volverá a lanzar una gran ofensiva hasta 1918.

CONTEXTO POLÍTICO Y SOCIAL

En la primavera de 1917, cuando se levanta el telón sobre el campo de batalla del Camino de las Damas, la Primera Guerra Mundial ya lleva declarada tres años en Europa. Desde su inicio en 1914, la Gran Guerra —como se la llama a partir de 1915— se ha visto transformada de forma considerable. En primer lugar, se trata de una cuestión de tamaño. De 1914 a 1917, una decena de nuevos países entran en el conflicto, lo que ahonda en su carácter mundial. A continuación, cambia la forma. Los combates por el oeste se han estancado en el barro de las trincheras, con consecuencias fatales para todos los beligerantes. Para acabar, la fatiga y el desgaste debilitan profundamente las sociedades en guerra. Francia y Alemania, actores principales del drama que se va a desarrollar dentro de poco en torno al río Aisne, están agotadas.

UN CONFLICTO CADA VEZ MÁS EXTENDIDO

Grosso modo, en sus orígenes, el conflicto no es más que un choque entre dos alianzas antagonistas: la Triple Entente (Gran Bretaña, Francia y Rusia) y Serbia contra el Imperio alemán aliado con el Imperio austrohúngaro. Sin embargo, en 1917, hay nuevos países que inician las hostilidades. Bélgica, Japón, Italia, Portugal y Rumanía se van sumando sucesivamente a la Entente. A principios del mes de abril de 1917, Estados Unidos, irritado por la guerra submarina sin condiciones que Berlín ha iniciado en el Atlántico tres meses antes, entra a su vez en la contienda declarando la guerra a Alemania. Por su parte, los alemanes y los austrohúngaros no tienen tanto éxito en la escena internacional. Solo el Imperio otomano y Bulgaria eligen unir su destino al de estos aliados.

Este incremento de los actores tiene como consecuencia la aparición de numerosos frentes. Mientras que en 1914 solo se producían enfrentamientos en el norte de Francia, en Serbia y en Rusia, se abre fuego en nuevos sitios en el Cáucaso, en Irak, en Palestina, en Macedonia y en Venecia Julia. En 1917, la extensión del conflicto tiene dos derivaciones importantes para Francia y para Alemania. En primer lugar, tanto una como otra deben dividir en varios de estos nuevos teatros de operaciones valiosos recursos humanos y materiales que, de esta manera, no podrán destinar al Camino de las Damas. No obstante, ambas potencias cuentan con estos frentes secundarios para desviar la máxima cantidad posible de fuerzas enemigas durante sus ofensivas. La segunda gran consecuencia es que, a partir de la entrada en guerra de Estados Unidos, Alemania y sus aliados están convencidos de que van a perder a largo plazo. A partir de ese momento, la Entente, que ya gozaba de una ventaja significativa sobre sus enemigos en cuanto a hombres y materias primas, posee una superioridad aplastante en recursos humanos y económicos. No obstante, por lo pronto, los alemanes y sus aliados se ven favorecidos por el cariz especial que toma la guerra en el oeste desde otoño de 1914.

GUERRA DE ASEDIO EN EL OESTE

Durante el otoño de 1914, la guerra en el frente occidental —que abarca Bélgica y Francia y, a partir de 1915, también

Italia— se transforma de repente. Los combates, que hasta ese momento estaban marcados por la maniobra y el movimiento de las unidades militares, se vuelven estáticos. Los beligerantes, aturdidos por una primera fase de ofensivas sin resultado, entierran sus ejércitos en profundas trincheras. La línea del frente —que va desde la frontera suiza hasta Zeebrugge, en Bélgica, y atraviesa todo el norte de Francia— en seguida queda recubierta por increíbles fortificaciones que ningún ataque logra atravesar. La tecnología y las tácticas militares de la época resultan inútiles. Frente a este bloqueo total, Alemania y la Entente se ven obligadas a adaptar su estrategia. Los alemanes, que pensaban derrotar a Francia en seis semanas con un poderoso ataque a través de Bélgica, antes de lanzarse contra Rusia —siguiendo el Plan Schlieffen—, invierten sus proyectos. El oeste se mantendrá en una posición defensiva mientras que se asestarán grandes golpes al este. Por su parte, los franceses y los británicos eligen abalanzarse cada vez con más fuerza sobre las defensas alemanas al oeste. A partir de ese momento, el frente occidental se transforma en una auténtica guerra de asedio en la que la Entente desempeña el papel de asaltante y Alemania el de asediado, mientras espera cosechar los frutos de oriente. Este esquema se mantiene más o menos hasta 1917.

A principios de ese año, al contrario de lo que ocurre con la estrategia franco-británica, cuyos intentos de romper el frente han fracasado, la alemana empieza a surtir visibles efectos. Serbia y Rumanía son aplastadas en 1915 y 1916 respectivamente, y en el mes de marzo de 1917, Rusia, muy desestabilizada, se hunde en la revolución. El zarismo desaparece y, durante un largo periodo de tiempo, el ejército ruso es incapaz de lanzar nuevas operaciones. De forma inesperada se libera el frente oriental para Alemania. ¿Significa eso que va a retomar la ofensiva por el oeste? Por otra parte, ¿el desmoronamiento ruso va a provocar que los aliados franceses y británicos renuncien a cualquier nuevo ataque en occidente antes de la llegada de las tropas estadounidenses? En realidad, las estrategias de unos y otros para 1917 vendrán dictadas en gran parte por consideraciones internas.

ALEMANIA, A LA DEFENSIVA

Alemania, que en 1914 es la segunda potencia industrial mundial después de Estados Unidos, acumula un cansancio importante tras tres años de guerra. Su economía sufre el intenso embargo impuesto por la Entente desde 1916, lo que provoca un aumento de las dificultades. Es casi imposible encontrar ciertos metales, como el cobre o el manganeso, fundamentales para la producción de armamento. Para paliar la escasez, se recurre a soluciones temporales. Por ejemplo, en el caso del cobre, se llevan a cabo requisas entre la población civil. En cuanto al carbón, producto de primera necesidad, se reserva estrictamente a las industrias militares. La situación más preocupante es la de los víveres. De 1916 a 1918, según las cifras que recoge el historiador David Stevenson, las importaciones alemanas de trigo caen de 240 750 toneladas a 42 598, las de pescado de 435 770 toneladas a 88 642 y las de carne de 119 913 toneladas a 8005. Un déficit que la producción agrícola y de alimentos alemana no puede compensar. Durante el invierno de 1916-1917, se instaura un racionamiento sobre una base diaria de 1300 calorías por trabajador. Como consecuencia de la escasez, los precios se incrementan y la población se empobrece.

Además, también hay que contar las pérdidas humanas. Desde el inicio de la guerra, han sido asesinados un millón de hombres en una población de 69 millones de habitantes. El ejército alemán ha sufrido particularmente durante las batallas de 1916. Solo en Verdún y en el Somme caen heridos o mueren 800 000 soldados para obtener resultados mediocres, y también se emplea una gran cantidad de material. Inevitablemente, la moral alemana se ve afectada por ello. Surge el descontento y crecen los afines a los movimientos de oposición a la guerra, que se reúnen fundamentalmente en torno a los partidos socialistas. Pese a los triunfos obtenidos en el frente oriental, la situación interna y el mal estado del ejército incitan a Paul von Hindenburg (jefe del Estado Mayor General del ejército alemán, 1847-1934) y a Erich Ludendorff —que lideran a dos las tropas alemanas desde agosto de 1916— a adoptar una estrategia defensiva para 1917. Mientras tanto, el almirantazgo será el encargado de responder al embargo de la Entente, atacando cualquier buque comercial en el Atlántico.

FRANCIA ELIGE ATACAR

Por el lado francés, la situación interna tampoco es ideal. Desde un punto de vista económico, Francia también tiene problemas para aprovisionar sus industrias de armamento con materias primas. No solo Alemania ocupa sus yacimientos más ricos de metal y de carbón, sino que, además, la intensificación de los ataques enemigos sobre el transporte marítimo desde febrero de 1917 obstaculiza considerablemente sus importaciones de recursos. No obstante, el problema más grave es el de los efectivos. De 1914 a 1917, caen asesinados 950 000 soldados en una población total de 39 millones de personas. Esta cifra es, en proporción, mayor que la alemana. Entonces, para encontrar a hombres, las autoridades civiles y militares van a buscar a gente a las colonias: 35 000 tiradores senegaleses participarán de forma voluntaria o a la fuerza en las operaciones del Camino de las Damas. Por otra parte, muchos exentos e inútiles serán llamados de vuelta a los ejércitos, al igual que la generación de 1918, compuesta de gente muy joven.

En un país mayoritariamente rural, estas medidas tienen un impacto en los campos, donde las cosechas decaen por falta de mano de obra. Al enfado de los campesinos se une el de los obreros, que se niegan a ser sustituidos por mujeres para que ellos puedan ir al frente. Pero el descontento también se produce entre los militares. La censura postal intercepta cada vez más cartas de soldados que expresan sentimientos contrarios a cómo se está llevando una guerra que se considera demasiado cara. Esta tensión en aumento, a la que se añade el estancamiento del conflicto, lleva a los generales franceses a planear un último esfuerzo para brindar a Francia un triunfo definitivo que seguramente la sacaría de la encrucijada. Con el desmoronamiento ruso y una Gran Bretaña que se tambalea por los golpes que asestan los submarinos alemanes a su comercio, debe ganarse la guerra lo más rápidamente posible, y se considera que solo una poderosa ofensiva en el frente occidental lo logrará. Un gran error de cálculo que costará muy caro al ejército francés.

ACTORES PRINCIPALES

Retrato de Robert Nivelle.

ROBERT NIVELLE

Robert Nivelle, nacido en 1856 en Tulle, Francia, no ve brillar su estrella hasta el inicio de la Primera Guerra Mundial. Este antiguo ingeniero politécnico, diplomado de la Escuela Superior de Guerra en 1889, decide servir en la artillería y tiene un progreso lento. Se convierte en capitán a los 31 años y solo sube de rango 14 años después, en 1911, cuando es nombrado coronel. No obstante, realiza varias estancias en el extranjero, en las colonias francesas: sirve en el norte de África en dos ocasiones, de 1889 a 1894 y de 1908 a 1911, y en China de 1900 a 1902. También pasa 4 años en Córcega, donde se encarga del mando de las baterías de la isla.

La guerra que estalla en 1914 lo saca de la sombra. En el mes de agosto, el coronel Nivelle destaca a la cabeza del 5.º Regimiento de Artillería por su eficacia. Es el preludio de un ascenso fulgurante. En septiembre, recibe el mando de una brigada, en octubre el de una división y en diciembre de 1915 el de un cuerpo del ejército. Nivelle, que está encargado del sector de Douaumont, en Verdún, en 1916, vuelve a despuntar por su valentía y su ingenio. Junto con el general Charles Mangin (1866-1925) como socio, retoma los fuertes de Douaumont y de Vaux de manos de los alemanes gracias a un enérgico ataque en el que combina infantería y artillería. Todo un éxito con el que acaba siendo nombrado comandante supremo de los ejércitos franceses el 12 de diciembre de 1916. A pesar de esta impresionante evolución, Nivelle caerá totalmente en desgracia a consecuencia de la derrota del Camino de las Damas.

Muere el 22 de marzo de 1924. Sus restos están enterrados en los Inválidos, en París.

PHILIPPE PÉTAIN

Retrato de Philippe Pétain.

Philippe Pétain nace en Cauchy-à-la-Tour, en el departamento de Paso de Calais, en 1856. Tal y como le ocurre a Nivelle, Pétain también tiene unos inicios poco esperanzadores. Es admitido —por poco— en la Escuela Militar de Saint-Cyr en 1876, donde opta por la infantería. En 1888, tras haber alcanzado el rango de teniente únicamente gracias a su antigüedad, entra en la Escuela Superior de Guerra. Una vez que tiene el título de capitán, pasa a ocupar un puesto de Estado Mayor durante casi 10 años en París y en Marsella. Pétain, que solo llega a comandante en 1900, entra al año siguiente en la Escuela Superior de Guerra como profesor de táctica de infantería. En 1909, recibe ahí el rango de coronel gracias a la benevolencia de Ferdinand Foch (1851-1929), que en aquel momento es director del establecimiento y que en 1918 será comandante supremo de los ejércitos aliados.

En 1914, se coloca a Pétain al mando de una brigada de infantería que lidera con valentía en Bélgica y, a continuación, en Francia. Las pérdidas y las numerosas destituciones de generales incompetentes provocan su ascenso. En septiembre, dirige una división y, en octubre, un cuerpo del ejército que guía en los combates en Artois en 1915. A finales de año, participa en la ofensiva en la región de Champaña, esta vez con todo un ejército. A principios de 1916, se designa a Pétain para la defensa de Verdún, tarea que cumple con brillantez. Cuando se niega a lanzar un asalto para recuperar el terreno perdido, es transferido en mayo al grupo de ejércitos del Centro, donde se quedará hasta ser nombrado sustituto de Nivelle en el mando superior de los ejércitos franceses, tras la derrota de este último en el Camino de las Damas. Ese será su puesto hasta el armisticio.

Tras la guerra, Pétain efectúa una importante carrera política y se convierte en 1940 en el jefe del régimen de Vichy. Durante la Liberación, tras la Segunda Guerra Mundial, se le condena a muerte por su colaboración con la Alemania nazi, pero se le perdona por su edad avanzada. Muere en 1951, en la isla de Yeu, donde estaba encarcelado.

ERICH LUDENDORFF

Retrato de Erich Ludendorff.

Erich Ludendorff nace en 1865 en Kruszewnia, en Prusia. Al contrario de lo que ocurre con sus homólogos franceses, el joven prusiano sube rápidamente a lo alto de la jerarquía dentro del ejército alemán. Ludendorff, que pasa por la Escuela de Cadetes, de donde sale como oficial a los 17 años, y por la Academia de Guerra, alcanza el rango de capitán en 1896 y, poco después, el de oficial del Estado Mayor. De 1904 a 1913, es destinado a la sección de las operaciones del Estado Mayor General, que acaba dirigiendo. En 1913, es ascendido a comandante de regimiento en Renania.

Ludendorff, que se convierte en el primer furriel del 2.º Ejército en el momento de la declaración de guerra, desempeña un papel clave en la toma de la fortaleza de Lieja, en Bélgica, en agosto de 1914. A finales de mes, se le envía junto a Paul von Hindenburg, que lidera el 8.º Ejército en Prusia oriental, para servirle como jefe del Estado Mayor. Contra los rusos, el dúo Hindenburg-Ludendorff se muestra temible. El ejército ruso es expulsado de Alemania y pierde a 140 000 hombres, de los que 90 000 son hechos prisioneros. Respaldado por este triunfo, Ludendorff pasa a teniente general y, en agosto de 1916, Hindenburg y él mismo se convierten en oficiales del Estado Mayor General. Sin embargo, en la práctica, es Ludendorff quien dirige las operaciones, a pesar de que no es más que el primer furriel de Hindenburg, es decir, su adjunto. En tan solo unos meses, logra poner punto final a la costosa batalla de Verdún y aplastar a Rumanía. No obstante, Ludendorff, que es un gran táctico, no posee una auténtica visión estratégica, ya que su decisión de lanzarse en una guerra sin condiciones en el Atlántico conlleva la desastrosa entrada de Estados Unidos en el conflicto. Mantendrá su puesto en el Estado Mayor General hasta octubre de 1918, antes de ser despedido por el káiser.

Nacionalista virulento, tras la guerra lleva a cabo una vida de agitador político que le hace cruzarse en el camino de Adolf Hitler (1889-1945). Muere en Baviera en 1937.

ANÁLISIS DE LA BATALLA

La ofensiva del general Nivelle debería suponer un triunfo deslumbrante para Francia y sus aliados. La preparación dura meses, los cañones y las municiones reunidos en el Aisne son muy numerosos y los hombres, que forman parte de las mejores tropas, han sido especialmente entrenados para la ocasión. Además, los británicos deben lanzar un ataque de apoyo por el norte para facilitar el avance del ejército francés. Sn embargo, en tan solo unas semanas, quizás días, el ataque termina en un completo desastre. ¿Cómo se llega hasta ese punto?

EL PLAN DE ATAQUE FRANCÉS, ENTRE INCONSECUENCIA E IRREALISMO

A principios del año 1917, los franceses y sus aliados están determinados a acabar con Alemania. ¿Pero dónde y cómo dar la estocada en los 750 kilómetros del frente occidental? En cuanto Nivelle toma las riendas de los ejércitos franceses el 12 de diciembre de 1916, modifica los planes de ataque de su predecesor, el general Joseph Joffre (1852-1931). Este último quería llevar a cabo una acometida franco-británica en el Somme, con una diversión en la región de Reims, pero el nuevo generalísimo prefiere reorientar el centro de grave-dad de la batalla en la región del Aisne, frente al Camino de las Damas. Cree que es precisamente ahí donde debe asestarse el golpe principal. En tan solo 48 horas, dos ejércitos franceses de choque (el 6.º del general Mangin y el 5.º del general Mazel) tendrán que romper las defensas alemanas antes de que un tercer ejército (el 10.º del general Duchêne) aproveche la brecha abierta. Quien dirigirá las operaciones será Joseph Micheler (1861-1931), comandante del Ejército de Reserva. Para facilitar la operación, Nivelle también prevé dos ataques auxiliares que distraigan a los alemanes lejos del Aisne. Así, los británicos reciben la orden de atacar Vimy con la mayor fuerza posible antes de que empiece la ofensiva, mientras que Pétain debe llevar a cabo una operación de apoyo con sus tropas frente a Auberive, al este de Reims.

Varias razones —que, en cualquier caso, son muy discutibles— llevan a Nivelle a concentrarse en el Camino de las Damas. El sector, menos destrozado que el Somme, le parece más propicio para sus métodos de combate, basados en el choque, en la velocidad y en un uso brutal de la artillería. Pero peca de exceso de confianza. En realidad, el Camino de las Damas es una cresta abrupta y recubierta de árboles, entrecortada por arroyos y marcada por canteras y cuevas. Además, Nivelle cree que la zona no está muy defendida. Lo cierto es que actúa totalmente a ciegas, debido a la insuficiencia de los reconocimientos aéreos franceses. Los alemanes, desde que en 1914 ocupan la región, no han dejado de reforzar sus posiciones en el Aisne. Por último, para el generalísimo existe otro punto positivo para atacar este lugar: con la ayuda británica, más al norte, la ofensiva se convertirá en un ataque concéntrico contra los flancos expuestos del enorme saliente que ocupan los alemanes de Noyon a Bapaume. Sin embargo, en el mes de marzo, un acontecimiento inesperado provoca la desaparición esta ventaja. El 15, todas las tropas alemanas del saliente Roye-Noyon inician una retirada de una profundidad de 30 kilómetros y se atrincheran en una línea defensiva que ha sido cuidadosamente preparada en la retaguardia: la línea Hindenburg. Tras ellas, dejan una región arrasada sistemáticamente. Se ha evacuado a la población, se han destruido los ferrocarriles y las carreteras e, incluso, los alemanes han hecho saltar por los aires todos los puntos elevados que podrían haber servido para observar. Aunque los ejes de ataques franco-británicos no se han visto demasiado afectados por esta retirada, lo cierto es que la ofensiva se complica en gran medida. ¿Hay que anular el ataque? El 6 de abril, se debate esta pregunta en una conferencia celebrada en Compiègne entre miembros del Gobierno y militares. Pétain y Micheler critican duramente la operación, pero Nivelle pelea ferozmente para defender su proyecto y amenaza con dimitir. Al final, se mantiene el ataque, que debe empezar el 11 de abril.

UNA ENORME PREPARACIÓN QUE NO PASA DESAPERCIBIDA

Para penetrar el frente del Camino de las Damas, Nivelle no escatima en medios: se llama a 1,2 millones de hombres. Entre ellos, se encuentran unidades de élite, como los cuerpos 1.º, 6.º y 20.º y los cuerpos coloniales 1.º y 2.º. En campos de instrucción especiales, la mayoría de los soldados reciben un entrenamiento intensivo para atacar las fortalezas y manejar las armas de asalto: ametralladoras ligeras, lanzallamas, morteros ligeros, etc. Serán respaldados por unos 1550 morteros de trinchera, 2000 cañones de 75 milímetros, 1650 cañones pesados y 160 piezas de artillería de muy gran calibre. Una cantidad de artillería enorme para la que se han reunido más de 8 276 000 obuses en los depósitos de la retaguardia. La infantería podrá contar igualmente con 129 carros de combate Schneider, cuya relevancia no debe exagerarse. Estos aparatos, que nacen con los recientes avances tecnológicos, son todavía completamente rudimentarios —de hecho, muchos de ellos se averiarán ya durante el primer día de combate—. Para acabar, por aire, se pondrán a disposición 39 globos de observación y 500 aviones de reconocimiento para informar acerca del dispositivo enemigo.

Pero el ejército de Nivelle también esconde algunos grandes defectos. Así, aunque en términos generales la moral de la infantería es buena la víspera de la ofensiva, en gran medida se debe a que aviva la esperanza de una victoria decisiva. En esas condiciones, una derrota podría suponer graves problemas. A pesar de contar con un número de piezas más elevado, el bombardeo que llevará a cabo la artillería francesa será mucho menos denso que en batallas previas por la profundidad de las defensas enemigas (cuatro líneas en vez de dos). Por otra parte, entre los cañones pesados, muchos son de 155 milímetros, cortos e incapaces de derribar las defensas armadas con hormigón del Camino de las Damas. Por el aire, la situación no es mucho mejor. El día del ataque, Nivelle solo cuenta con 131 aviones de caza. Es demasiado poco, sobre todo porque muchos aviones son poco fiables y habrá que enviarlos de vuelta al taller para que pasen revisiones. Otro gran punto negro son los servicios de salud en la retaguardia, que no están preparados para acoger a un gran número de heridos. Les faltan camas, medicamentos y medios quirúrgicos. Para acabar, el ejército de Nivelle, una inmensa masa humana y material concentrada en apenas 40 kilómetros, presenta el inconveniente de que difícilmente puede esconderse. El generalísimo cuenta con el efecto sorpresa para su ofensiva, pero los alemanes se dan cuenta de que algo se está tramando en el Aisne. Por consiguiente, Ludendorff reúne a hombres detrás del Camino de las Damas. Además de las reservas que ha liberado la retirada estratégica del saliente Roye-Noyon, el primer furriel llama a unidades descansadas de Rusia y 530 de los mejores aviones del ejército alemán esperan a los franceses con pie firme. Por otra parte, se refuerzan ostensiblemente las defensas en los sectores amenazados. Aunque Nivelle, informado por las expediciones de reconocimiento en las líneas enemigas, está al tanto de los preparativos alemanes, sigue mostrándose optimista. En realidad, está a punto de meterse en un avispero.

UNOS ACONTECIMIENTOS PREVIOS PREOCUPANTES

Ya antes de que se inicie la batalla, las cosas se tuercen para el ejército francés. Debido a unas condiciones meteorológicas terribles, el ataque en el Camino de las Damas, fijado para el 11 de abril, es aplazado al 14 y, más tarde, al 16. Desde principios de mes, no deja de llover y de nevar, y el Aisne está crecido. En las líneas paralelas de partida, la infantería francesa, agotada por las inclemencias del tiempo, chapotea en aguas empantanadas que lo encharcan todo y que llegan a mojar las armas. Incluso algunos túneles están completamente inundados. Las tropas coloniales, poco acostumbradas a la dureza del clima continental europeo, sufren en particular el frío. Pero el tiempo desapacible no solo retrasa el ataque y disminuye la combatividad de los soldados, sino que tiene otra consecuencia dramática para los asaltantes. Iniciada el 2 de abril, la preparación de artillería sobre las posiciones enemigas, que debía ser impresionante, resulta ser deficiente. El viento desvía los tiros y los reconocimientos aéreos, perturbados por un cielo cubierto y por la omnipresente caza alemana, se muestran incapaces de identificar y comunicar con precisión los blancos a los artilleros, lo que a menudo obliga a estos últimos a actuar a ciegas.

El bombardeo de la artillería, interrumpido con pausas por las condiciones climatológicas desfavorables, dura dos semanas en vez de los cinco días que inicialmente se habían previsto y los resultados son moderados. Las dos primeras líneas defensivas enemigas son las que más tiros reciben; por el contrario, la tercera y la cuarta sufren poco. En conjunto, el bombardeo resulta eficaz sobre todo contra las alambradas y la artillería enemigas. Pero todavía quedan intactos muchos nidos de ametralladoras y refugios. Además, en muchos casos, los alemanes logran reparar los daños rápidamente. Algunos oficiales franceses, ante la insuficiencia de la preparación de artillería, empiezan a mostrar signos de preocupación. El avance será más complicado de lo previsto. ¿Podrán contar al menos con el apoyo británico en el norte? No hay nada menos seguro. El ataque de la BEF (British Expeditionary Force), lanzado el 9 de abril, se encuentra con muchos obstáculos a pesar de varias victorias iniciales. Aunque capturan a 10 000 prisioneros y toman la cresta de Vimy, los británicos no logran llegar a la retaguardia enemiga y, al cabo de dos días, la batalla se estanca. Los alemanes logran cerrar todas las brechas, a costa de emplear algunas unidades de reserva. Ahora ya pueden concentrarse en el Camino de las Damas.

EL FRACASO DEL AVANCE

El 16 de abril, a las 6:00, la primera oleada francesa se precipita por las cuestas del Camino de las Damas, unas veces al son de los silbidos y otras veces bajo la luz evanescente de las bengalas.

Ataque de los franceses en el Camino de las Damas.

La artillería ha disparado los cañones durante toda la noche, con un ruido ensordecedor, y muchos hombres no han dormido. Sigue haciendo mal tiempo. La niebla recubre el campo de batalla. Hace frío. Para alcanzar los objetivos de Nivelle, los *poilus* —«peludos», nombre dado a los soldados franceses en la Gran Guerra— deben recorrer los primeros 3000 metros de frente en 3 horas, antes de avanzar de nuevo 3000 metros en el mismo espacio de tiempo. Tendrán que progresar una última vez, 2000 metros, en 2 horas. ¿Lo lograrán?

A la izquierda del dispositivo de ataque, las unidades del 6.º Ejército de Mangin marchan a duras penas. En cuanto salen de las trincheras, los soldados se encuentran con una fuerte resistencia. Desde las primeras posiciones enemigas, prácticamente indemnes, las ametralladoras dan la bienvenida a los asaltantes con violentas ráfagas. Hay que acabar con ellas, una a una, a base de granadas y lanzallamas. Los pocos cientos de metros conquistados son sometidos a intensos contraataques. En el pueblo de Chavonne, que ya no es más que un amasijo de ruinas, las tropas francesas sufren una potente presión alemana. Los combates son tan feroces que incluso se llega al cuerpo a cuerpo, algo muy raro durante la Gran Guerra.

Chavonne en ruinas, foto del 1 de mayo de 1917.

Inevitablemente, el ímpetu de los franceses se va debilitando. El terreno accidentado y boscoso, repleto de trampas y de alambradas, no contribuye a mejorar la situación. Incluso los soldados coloniales, considerados soldados de élite, están en serios problemas. Sufren grandes pérdidas, pero logran alcanzar e, incluso, cruzar la cresta del Camino de las Damas, aunque no pueden ir más lejos por los ataques enemigos. Por la derecha, el 5.º Ejército de Mazel se encuentra con los mismos problemas. La planicie de Craonne y el macizo de Brimont, que deben ser ocupados rápidamente, están plagados de casamatas y de ametralladoras que no se han destruido, y que abaten a cientos de soldados de infantería franceses. En muchos casos, solo se captura la primera línea alemana. En Berry-au-Bac, los carros Schneider son destruidos uno detrás de otro o se averían. De los 121 carros empleados, solo 5 alcanzan su objetivo, en Juvincourt. Demasiado expuestos sin el respaldo de la infantería, se ven obligados a batirse en retirada.

En el aire, los asaltantes también se ven superados en los combates. Los aviones franceses, más que insuficientes, no logran expulsar a la aviación alemana, y la consecuencia de ello es que los globos y los aviones de reconocimiento de Nivelle son derribados sucesivamente. Están desbordados y también son incapaces de respaldar correctamente a las tropas de tierra, al contrario que los aviones alemanes, que efectúan incursiones mortíferas contra los franceses. En todo el frente, salen a la luz los grandes fallos de la planificación de la ofensiva. La barrera de artillería rodante, planificada para seguir a la infantería francesa en su progresión, resulta ser demasiado rápida y el escalonamiento de las olas de asalto se transforma en un caos. Muchos soldados recorren el campo de batalla buscando su unidad. Por su parte, la retaguardia está saturada de tropas y el servicio médico se ve completamente superado por la afluencia de heridos. Tras 24 horas de combate, los franceses están bloqueados por todas partes y su avance rara vez supera los 600 metros. Sin embargo, Nivelle no se desanima. Todavía tiene reservas. Al día siguiente, se lleva a cabo un nuevo intento para atravesar el frente alemán. En ese momento, el grupo de ejércitos de Pétain, al este de Reims, entra en la contienda, pero se repite la escena del día anterior. La resistencia alemana es tenaz y la lucha resulta terrible. Bajo borrascas de nieve, los franceses se encuentran con potentes nidos de ametralladoras y sufren incesantes contraataques. Las pérdidas son cuantiosas. Se ganan de nuevo unos cientos de metros, pero el avance es un completo fracaso.

LA OBSTINACIÓN DE NIVELLE

Ante este callejón sin salida, Nivelle decide continuar con las operaciones. Se reanudan los ataques hasta el 20 de abril. El 19, el comandante supremo se lo juega todo: hace entrar en combate el 10.º Ejército, que estaba en reserva hasta ese momento. Sin embargo, no se obtiene ningún resultado contundente. Poco a poco, la batalla para avanzar se transforma en una lucha de desgaste y de gasto constante. Hay que mejorar las posiciones conquistadas, tomar los mejores lugares de observación y detener los contraataques enemigos. Los hombres se agotan o desaparecen, el material se consume y la moral se va deteriorando. Por su parte, a medida que pasa el tiempo, las defensas alemanas se refuerzan. Se llama a 15 divisiones del frente del este para contener a los franceses. Del 21 al 25 de abril, los asaltantes, agotados, paran momentáneamente las operaciones. Pero Nivelle no ha acabado con el Camino de las Damas. Se programa un nuevo ataque para el 29, en Brimont. Sin embargo, este jamás tendrá lugar. El Gobierno, que ya no confía en el generalísimo, exige que se anule el ataque. Nivelle pasa a estar controlado por un jefe del Estado Mayor: el propio general Pétain. Está en ciernes una crisis en el alto mando. A pesar de todo, el generalísimo logra proyectar un último ataque el 4 y 5 de mayo, en gran medida, para consolidar las conquistas de los días anteriores. En 4 días, el asalto se salda con pequeñas victorias y una nueva hecatombe. Las autoridades civiles están irritadas. El 15 de mayo, Nivelle es depuesto de su mando y sustituido por Pétain. Las operaciones ofensivas en el frente occidental se postergan *sine die*. Al final, la batalla del Camino de las Damas únicamente habrá permitido tomar de manos de los alemanes una estrecha franja de terreno, de tan solo 7 kilómetros de profundidad por 12 de largo. La empresa habrá costado alrededor de 140 000 hombres a Francia, heridos, muertos o desaparecidos, y 80 000 hombres al bando alemán, de los que 39 000 son prisioneros. Para acabar, deja un ejército francés con un estado anímico muy quebrantado. El 20 de mayo, estallan graves motines en sus filas que van a mantenerlo en vilo durante meses.

REPERCUSIONES

Sin lugar a dudas, la derrota del Camino de las Damas representa un momento clave de la Gran Guerra. En primer lugar, para los franceses, cuyo ejército cambia de jefe y de cara y adopta una actitud defensiva. También para Alemania que, por primera vez —y última— desde 1914, goza de una superioridad clara sobre sus enemigos occidentales y entrevé la posibilidad de ganar la guerra. Tanto en un caso como en otro, no es más que el inicio de la campaña decisiva de 1918, anunciada con la ofensiva truncada del general Nivelle.

¿UNA CRISIS DE MANDO SALUDABLE?

La consecuencia más inmediata de la derrota en la batalla del Camino de las Damas es la sustitución de Robert Nivelle por Pétain a la cabeza de los ejércitos franceses. También se aparta o retrograda a varios colaboradores de Nivelle. Su segundo y brazo derecho, el general Charles Mangin, pierde el mando del 6.º Ejército el 2 de mayo, antes del final de la batalla. Joseph Micheler es desposeído del grupo de Ejércitos de Reserva el 8 y Olivier Mazel, general del 5.º Ejército, sigue el mismo camino el 22. Así, se deja a un lado a un equipo al completo.

Tal y como nos explica el historiador militar Michel Goya, con esta crisis desaparece una doctrina operacional. Pétain, al contrario que Nivelle, no cree que pueda atravesarse el frente enemigo en un único impulso con el movimiento rápido de la infantería y con un uso precipitado y violento de la artillería. Se muestra prudente y prefiere desgastar al enemigo mediante ofensivas múltiples, limitadas y bien preparadas. Ya no se trata de romper las defensas enemigas, algo que siempre ha llevado a terribles desastres, sino de apoderarse de su primera línea. Solo cuando este dispositivo rival haya sido lo suficientemente desestabilizado y debilitado mediante estos ataques repetidos, podrá llevarse a cabo un asalto general. Para reforzar la potencia de sus ataques, Pétain considera que es muy importante dotar a sus unidades militares de un gran número de camiones, aviones y tanques. Por lo demás, su acción no se limita solo a eso. Bajo su mando, el ejército francés goza de una organización moderna «que capta los sentimientos y las ideas de la tropa, racionaliza el uso de las armas y las integra en un conjunto eficaz, organiza, además, la difusión de las ideas a través de una estructura coherente de instrucción»[1] (Goya 2004, 417). Todos estos elementos desempeñarán un papel decisivo en la victoria francesa en 1918.

EL DESMORONAMIENTO DE LA MORAL FRANCESA

Tan solo unos días después de la sustitución de Nivelle por Pétain, una serie de actos colectivos de insubordinación sacuden la retaguardia inmediata de los ejércitos acantonados en el Camino de las Damas. Para gran desesperación de las autoridades militares, las tropas se niegan a subir al frente, mientras que estallan manifestaciones en las estaciones y en los municipios, que pronto se engalanarán con banderas rojas. Los soldados cantan *La Internacional*

---

1. Cita traducida por 50Minutos.es

(himno revolucionario), entonan eslóganes contra la guerra, distribuyen octavillas y se reúnen en asambleas. Muy rápidamente, el movimiento se extiende al resto del ejército francés y alcanza su punto álgido entre finales de mayo y principios de junio. Más de la mitad de las unidades militares se ven afectadas, en particular, en la infantería. Algunos oficiales son atacados por sus hombres y ciertos regimientos amotinados anuncian su intención de dirigirse a París. El Gobierno y el Estado Mayor franceses están preocupados. Varios generales llegan a creer en un complot interno, fomentado por pacifistas y socialistas, pero es pura fantasía. En realidad, este episodio espectacular de la Gran Guerra, que pasa a la posteridad con el nombre de los «motines franceses de 1917», procede de causas profundas que derivan a la vez del desastre en el Aisne y de un contexto sociopolítico catastrófico. Desde que Nivelle fracasa en su avance del 16 y 17 de abril y se obstina en vano en el Camino de las Damas, no deja de crecer la decepción y, más adelante, el descontento entre los *poilus*. Pero las tropas no solo se ven minadas por esta insatisfacción. También hay que tener en cuenta el agotamiento provocado por los incesantes combates, las condiciones de vida deplorables en las trincheras y el problema de los permisos, que se conceden con cuentagotas desde que ha empezado la ofensiva. Sin hablar de la fatiga que se apodera de los combatientes tras más de dos años de guerra. Por otra parte, los soldados franceses tienen ante sus ojos el ejemplo de la Revolución rusa, que ha visto cómo se desmoronaba la jerarquía zarista, y el enorme movimiento de huelgas —iniciado el 10 de mayo con la interrupción del trabajo de las obreras parisinas de la alta costura (las *midinettes*)— que se vive en Francia y que durará hasta junio.

Además, a principios del mes de mayo, la exasperación en el ejército francés llega a tal punto que cuando Pétain toma el mando, hereda una bomba de relojería que acabará por estallar. Por otra parte, los motines también se identifican por un auténtico patriotismo republicano. A pesar de su ardiente deseo de paz, para los soldados la solución no pasa por dejar ganar a Alemania. También creen en la República francesa y la mayoría de ellos se reconoce en ella. Ante todo, quieren modificar las condiciones de la propia guerra, convirtiéndola en algo menos arbitrario y más humano. Así, aunque se niegan a volver al asalto, los franceses protegerán sus trincheras hasta el final de los altercados.

A partir del 10 de junio, se produce un descenso definitivo de las protestas con la acción de Pétain. Este último, que alía el palo y la zanahoria, logra terminar con los motines en sus filas mejorando las condiciones materiales en el frente y en la retaguardia, con la concesión y la extensión de los permisos, pero también con la represión de los actos de desobediencia más graves. En septiembre, los amotinamientos ya se han acabado. Según el balance que establece el historiador Denis Rolland, autor de un reciente estudio sobre el tema, afectaron a cerca de 88 000 hombres. Se desconoce la cifra exacta de las víctimas de la represión judicial. Sin embargo, de todo el ejército francés, unos 57 individuos fueron condenados a muerte entre mayo y noviembre de 1917. De ellos, 26 fueron ejecutados por actos colectivos.

ALEMANIA SACA LAS CASTAÑAS DEL FUEGO

Aunque los alemanes sufren grandes pérdidas, ven cómo su situación mejora en el frente occidental tras la ofensiva franco-británica que se ha desarrollado en primavera. No solo se ha evitado lo peor, sino que Francia, inestable, renuncia a iniciar otra operación de gran envergadura. En efecto, dado el estado preocupante del ejército francés, Pétain decide mantenerse en una posición defensiva. Como mucho, lanza algunas operaciones limitadas, destinadas a remontar la moral de sus tropas, en Verdún en agosto y en el Camino de las Damas en octubre. Sin embargo, la Entente no ha terminado con las ofensivas estratégicas. El 7 de junio de 1917, los británicos se lanzan prácticamente solos en una ambiciosa campaña en Flandes para conquistar las bases alemanas en la costa belga, de donde parten los submarinos que causan estragos en el Atlántico. El 18, los rusos, que han vuelto a levantarse, atacan a su vez Galitzia. Pero es en vano. Con la retirada de los franceses, Alemania, cuyos peores momentos ocurrieron en 1916, cuando contenía las acciones concertadas de sus enemigos, ya es lo suficientemente fuerte como para obstaculizar los proyectos de unos y otros. Tras algunas victorias, el ataque británico se estanca y se hunde en una batalla de desgaste que durará varios meses.

Por otra parte, los alemanes aplastan a los rusos y los obligan a batirse en retirada en tres semanas. Entonces, el alto mando alemán aprovecha estos éxitos defensivos para avanzar a sus propios soldados. En octubre, ayudado por los austrohúngaros, inflige a los italianos una dolorosa derrota en Caporetto. Ante el sobresalto ruso durante el verano y la calma relativa en el frente occidental, Ludendorff elige golpear al este. En septiembre, el ejército ruso, cuyas tropas van de derrota en derrota, se desintegra por completo con el desmoronamiento de su estado anímico. Seriamente desestabilizado por los problemas internos, el Gobierno liberal, nacido de la Revolución de marzo, también hace aguas. A principios del mes de noviembre, los bolcheviques suben al poder en varias grandes ciudades rusas. Rusia inicia una segunda revolución, para beneficio de Alemania, que firma en marzo de 1918 un armisticio con los nuevos líderes del Kremlin.

Para acabar, los fracasos estratégicos franco-británicos tienen una última consecuencia fatídica para la Entente. Durante el año 1917, la diferencia numérica entre Alemania y sus enemigos se agrava peligrosamente a favor de la primera potencia en el frente occidental. Los franceses y los británicos, desgastados por sus ofensivas, ven cómo disminuye drásticamente el número de sus divisiones, pasando de 194 a 169, mientras que para los alemanes pasa de 154 a 150. Además, al contrario que sus enemigos, estos últimos pueden contar con unas 50 divisiones suplementarias gracias al desmoronamiento ruso. Dicho de otra manera, ahora Alemania posee una superioridad numérica cómoda. Una ventaja que, por supuesto, Ludendorff quiere explotar para alzarse con la victoria en 1918, antes de la llegada de las tropas estadounidenses.

EN RESUMEN

- A principios del año 1917, el frente occidental se estanca en una guerra de trincheras. Un punto muerto del que Francia y Gran Bretaña quieren salir velozmente por la angustiosa guerra submarina en el Atlántico y por los triunfos alemanes en el frente oriental.
- Entonces, el general Nivelle elabora un plan para obtener rápidamente una victoria decisiva sobre Alemania. Tres ejércitos franceses tienen que avanzar por el Camino de las Damas mientras que los británicos llevarán a cabo dos ataques auxiliares en Vimy y Pétain hará lo propio en la región de Champaña.
- Apostando por la sorpresa, el plan se va dibujando como un ataque concéntrico en los flancos del saliente alemán entre Noyon y Bapaume. Sin embargo, resulta imposible llevarlo a cabo: los alemanes se repliegan entre Noyon y Roye, la preparación colosal que requiere esta ofensiva acaba con el efecto sorpresa y, sobre todo, las defensas enemigas y las dificultades del terreno en el Camino de las Damas obstaculizan considerablemente la operación.
- El asalto por el Aisne empieza mal. El ataque británico se estanca, mientras que las condiciones meteorológicas entorpecen la preparación de artillería francesa e imponen varios aplazamientos para el inicio de las operaciones.
- Finalmente, la ofensiva francesa se lanza el 16 de abril y fracasa ante la resistencia enemiga. La batalla para avanzar se transforma en una batalla de desgaste.
- Además, el estancamiento de las operaciones genera

grandes tensiones en el bando francés. Nivelle, que pierde la confianza del Gobierno, es sustituido el 15 de mayo por Pétain. El 20 de mayo, estallan graves motines instigados por la derrota que sacuden al ejército francés. Se prolongarán hasta septiembre, bajo la acción de Pétain.

¡Tu opinión nos interesa!
¡Deja un comentario en la página web de tu librería en línea,
y comparte tus favoritos en las redes sociales!

PARA IR MÁS ALLÁ

FUENTES BIBLIOGRÁFICAS

- Berstein, Serge y Pierre Milza. 1996. *Histoire du XXe siècle. 1900-1945. La fin du «monde européen»*, tomo 1. París: Hatier.
- Defente, Denis. 2003. *Le Chemin des Dames. 1914-1918*. París: Éditions Somogy.
- Doughty, Robert A. 2005. *Pyrrhic Victory: French Strategy and Operations in the Great War*. Cambridge: Harvard University Press.
- Deroo, Eric y Antoine Champeaux. 2013. "Panorama des troupes coloniales françaises dans les deux guerres mondiales". *Revue historique des armées*, n.° 271, 72-88.
- Goya, Michel. 2004. *L'invention de la guerre moderne. Du pantalon rouge au char d'assaut. 1871-1918*. París: Tallandier.
- Keegan, John. 2005. *La Première Guerre mondiale*. París: Perrin.
- Lagrange, François. 2005. *Inventaire de la Grande Guerre*. Boulogne-Billancourt: Universalis.
- Laparra, Jean-Claude. 2006. *La machine à vaincre: de l'espoir à la désillusion. Histoire de l'armée allemande. 1914-1918*. Quercy: Éditions 14-18.
- Ludendorff, Erich. 1920. *Souvenirs de guerre*, tomo 2. París: Payot.
- Masson, Philippe. 1999. *Histoire de l'armée française de 1914 à nos jours*. París: Perrin.
- Miquel, Pierre. 1983. *La Grande Guerre*. París: Fayard.
- Miquel, Pierre. 1997. *Le Chemin des Dames*. París: Éditions

de la Seine.

- Nobécourt, René-Gustave. 2013. *Les fantassins du Chemin des Dames*. París: Albin Michel.
- Offenstadt, Nicolas. 2006. *Le Chemin des Dames. De l'événement à la mémoire*. París: Perrin.
- Pedroncini, Guy. 1968. *1917. Les mutineries de l'armée française*. París: Julliard.
- Prior, Robin y Trevor Wilson. 2000. *La Première Guerre mondiale*. París: Autrement.
- Rolland, Denis. 2005. *La grève des tranchées. Les mutineries de 1917*. París: Éditions Imago.
- Schnetzler, Bernard. 2006. *Les erreurs stratégiques pendant la Première Guerre mondiale*. París: Economica.
- Stevenson, David. 2012. *With Our Backs to the Wall. Victory and Defeat in 1918*. Londres: Penguin Books.

FUENTES ICONOGRÁFICAS

- Trincheras en Vimy, en territorio francés. La imagen reproducida está libre de derechos.
- Retrato de Robert Nivelle. La imagen reproducida está libre de derechos.
- Retrato de Philippe Pétain. La imagen reproducida está libre de derechos.
- Retrato de Erich Ludendorff. La imagen reproducida está libre de derechos.
- Ataque de los franceses en el Camino de las Damas. La imagen reproducida está libre de derechos.
- Chavonne en ruinas, foto del 1 de mayo de 1917. La imagen reproducida está libre de derechos.

¡APRENDER NUNCA ANTES FUE TAN RÁPIDO!

www.en50minutos.es